साँझ तुझे याद कर लिया है
भाग: एक

रत्नाकर सागर

प्रभु को समर्पित।

मेरी प्रेरणा "साँझ" को समर्पित।

सभी लोग जिन्होंने जीवन में प्यार को महसूस किया है उस प्यार को समर्पित।

Simply..... Dedicated To Love .....For Love ..... From Love.....

क्रम-सूची

प्रस्तावना

मैं रत्नाकर, मैं एक भारतीय नागरिक हूँ जिस पर मुझे गर्व है। अपने बारे में कहूँ तो मैंने सारी ज़िन्दगी प्यार के अलावा कुछ नहीं किया, सिर्फ और सिर्फ प्यार किया है। इसके अलावा और कुछ मुझसे हुआ ही नहीं। यह कहूँ की इसके सिवा मैं कुछ कर ही नहीं पाया। इस प्यार में मैंने अपना सब कुछ खोया, तब मुझे ये प्यार हासिल हुआ। और सच्चे प्यार में होता भी यही है। ख़ैर, इस फिर कभी चर्चा की जाएगी क्योंकि यह मेरी आत्मकथा तो है नहीं। जिसके बारे में विस्तार से बताया जाए, पर उन कारकों को बताना आवश्यक है जिनके कारण इस पुस्तक का जन्म हुआ। कविताएं, भावनाओं की अभिव्यक्ति का ससक्त माध्यम होती हैं तो अभी इसी विषय पर बात की जाये।

मैं अपने प्यार को ज़माने से ज़ाहिर नहीं करना चाहता था, पर शायद ईश्वर को कुछ और ही मंजूर था। कोरोना काल में मेरा जीवन समाप्त हो सकता था, मेरा बचना लगभग नामुमकिन सा था। उस वक़्त मेरी "साँझ" ने मेरा बहुत हौसला बढ़ाया। और फिर अचानक चमत्कार हुआ, मुझे नया जीवन मिला। और तब मुझे यह एहसास हुआ कि मैं

अपनी रचनाओं को ज़माने से छुपा कर कितनी बड़ी गलती कर रहा था। और तब मैंने यह निश्चय किया कि मैंअपनी रचनायें इस ज़माने को सौंप दूँगा। जिससे मेरी रचनाएं और मेरा प्यार दोनों ही जीवित रहेंगे।

और मेरा मानना है कि जिस तरह से मेरे दिल की भावनाएं मेरी चाहत तक पहुँची हैं। मेरी वो रचनाएं यक़ीनन आपको आपका प्यार हासिल करने में कारगर साबित होंगी। और ऐसा होता है तो मैं अपनी कविताओं व अपने प्रयास को सफल समझूँगा। मेरी कविताओं में प्यार के उतार - चढ़ाव, सुख - दुख सभी कुछ देखने को मिलेगा, यही तो प्यार को गहराई प्रदान करतें हैं। मैंने अपनी कविताओं को एकदम आसान शब्दों में कहने की कोशिश की है। जिससे यह किसी भी उम्र के लोगों को आसानी से समझ आ जाये। और हर उम्र के पाठकगण मेरी कविताओं का लाभ लें

सकें, आनंद उठा सकें। मेरी कविताएं कितनी अनमोल हैं इस बात का निर्णय तो आप पाठकगण ही करेंगे। और मुझे अपना प्यार देंगे।

हिंदी एवं उर्दू भाषा के माध्यम से जानें कितनी ही अनमोल रचनाएँ हुई हैं, और यह हमारी एकता और प्यार का ही तो प्रतीक हैं। मैंने भी अपनी कविताओं में हिंदी-उर्दू भाषा का प्रयोग कर, भाषा को उचित सम्मान देने की कोशिश की है।

मेरा पहला प्रयास केवल इतना ही है कि मैं इंसान के अंदर छिपे प्यार के जज़्बात को आप सब तक लाने में सफल हो सकूँ। और चूँकि यह मेरा पहला प्रयास है, जो कि हमेशा ही सुधार की गुंजाइश रखता है। इसलिए मेरी ओर से की गईं मानवीय त्रुटिओं एवं कमियों को नज़र अंदाज़ करिएगा। मेरी जितनी बुद्धि है, जितनी समझ है उसके अनुसार ही मैंने यह रचनायें लिखीं हैं। और आने

वाले समय में सैकड़ों रचनाएँ आप सभी पाठकों के प्यार एवं आशीर्वाद का इंतज़ार कर रही हैं। इसीलिए आप सभी पाठकों का प्यार, आशीर्वाद एवं सुझाव सादर आमंत्रित हैं।

धन्यवाद

आपका

रत्नाकर सागर

1. देवी वंदना

ओ मेरी माता,
तेरा बालक बुलाता।
ओ मेरी माता,
तेरा बालक बुलाता ।।
मेरा जीवन आधार,
सुन ले मेरी पुकार।
हो तेरा मेरा है,
जन्मों का नाता।।
ओ मेरी माता,
तेरा बालक बुलाता।
ओ मेरी माता,
तेरा बालक बुलाता।।
तेरी महिमा अपार,
तेरा पावन है द्वार।
हो तेरे बिन दूजा,
कोई न भाता।।
ओ मेरी माता,
तेरा बालक बुलाता।
ओ मेरी माता,
तेरा बालक बुलाता ।।
मेरा सूना संसार,
माँ करदे मेरा उद्धार।
हो तेरी महिमा है,
सारा जग गाता।।

ओ मेरी माता,
तेरा बालक बुलाता।
ओ मेरी माता,
तेरा बालक बुलाता।।
माँ तू करती उपकार,
देती खुशियाँ, दुलार।
हो तेरे दर से कोई,
ख़ाली न जाता।।
ओ मेरी माता,
तेरा बालक बुलाता।
ओ मेरी माता,
तेरा बालक बुलाता।।
जय माँ जय माँ,
जय माता।
जय माँ जय माँ
जय माता।।
जय माँ जय माँ,
जय माता।
जय माँ जय माँ
जय माता।।

*****

2. पहले कभी

देखकर ख़्वाब को
मुझको ऐसा लगा ।
देखा है ख़्वाब को
मैंने पहले कभी ।।
जिस तरह ख़्वाब टूटा
है मेरा यहाँ ।
टूटा है उस तरह
ख़्वाब पहले कभी ।।
देखकर ख़्वाब को.. ।।
टूटे दिल को मैं
खुद ही मनाता रहा ।
ज़ख्म खा कर भी मैं
मुस्कुराता रहा ।।
बीच महफ़िल में यूँ ही
मैं आ गया ।
पर, जाने कब मुस्कुराया
दिल पहले कभी ।।
देखकर ख़्वाब को.. ।।
बेइंतहा प्यार तुझसे
मैं करता रहा ।
मैं हरदम वफ़ा तुझसे
करता रहा ।।
तुझको मांगा ख़ुदा से
खुद के लिए ।

तूने की न वफ़ा
मुझसे पहले कभी ।। देखकर ख़्वाब को.. ।।
मैं उम्र भर इन्तज़ार
तेरा करता रहा ।
तेरी यादों में जीता
मरता रहा ।।
आज आई है तू भी
लोगों के साथ ।
क्यों न आई मेरे
मरने के पहले कभी ।।
देखकर ख़्वाब को
मुझको ऐसा लगा ।
देखा है ख़्वाब को
मैंने पहले कभी ।।
जिस तरह ख़्वाब टूटा
है मेरा यहाँ ।
टूटा है उस तरह
ख़्वाब पहले कभी ।।

*****

3. मेरे प्यार की परछाई

वो मासूम सी लड़की,
अब बड़ी हो गई है ।
सफ़ेद रंग की फ्राक,
जिस पर बने फूल पसंद थे, शायद उसे,
अपने घर के गेट पर खड़ी,
गैरों से डरती थी ।।
पिता की प्यारी लाडली,
माँ की दुलारी।
वो भोली-भाली सी लड़की,
अब बड़ी हो गई है ।।
वो मासूम सी लड़की,
अब बड़ी हो गई है ।।
परिवार से दूर रहने का दर्द तो है, शायद उसे,
पर, अपने गाँव, अपने घर को छोड़कर ।
शहर में अनजान लोगों के बीच,
हिम्मत दिखाने ।।
आँखों में कुछ बनने,
कुछ कर गुजरने का सपना लिए।
एक नई दुनिया बनाने,चली आई।।
वो स्वाभिमानी सी लड़की,
अब बड़ी हो गई है ।
वो मासूम सी लड़की,
अब बड़ी हो गई है ।।
सारी दुनिया जीत लेने की

ख़्वाहिश है, शायद उसे,
ख़्वाब सारे...सच...हो जाए,
वो जो भी चाहे, उसे मिल जाए ।
कोई दुःख-दर्द न हो,
खुशियों से उसका दामन भर जाए ।।
जिसकी दुनिया में जाए,
वो स्वर्ग से सुन्दर हो जाए ।
क्योंकी......................
वो प्यारी सी लड़की,
अब बड़ी हो गई है ।।
वो मासूम सी लड़की,
अब बड़ी हो गई है ।।
उसकी मुस्कान, उसका चेहरा,
नशीली आँखें।
जो वो चाहे, बस.... वो ही... करना ।।
बात-बात मे रूठ जाना,
उसका गुस्सा हो जाना।
पर, वादा करना, तो फिर उसे
तन-मन से निभाना।।
मेरे प्यार की परछाईं है, उसमें,
मेरे लिए वो अजनबी नहीं है।
वो दीवानी सी लड़की,
अब बड़ी ही गई है ।।
वो भोली-भाली सी लड़की,
अब बड़ी हो गई है ।
वो स्वाभिमानी सी लड़की,
अब बड़ी हो गई है ।।
वो प्यारी सी लड़की,
अब बड़ी हो गई है ।

वो मासूम सी लड़की,
अब बड़ी हो गई है ।।

*****

4. मोहब्बत का इंतज़ार

हर महफ़िल में
तेरी तलाश रहती है।
तू आएगी महफ़िल में
बस यही आस रहती है ।। हर महफ़िल.. ।।
एक तेरी आने की आरज़ू
में ही जिंदा हैं।
वरना साँसे ये मेरी
रह रह कर गुजरती हैं।। हर महफ़िल.. ।।
राह आसाँ नहीं है
मोहब्बत की माना...।
पर आरज़ूएँ किसके बस में
रहती हैं।। हर महफ़िल.. ।।
मर न जाऊँ मैं
प्यार में तेरे।
अब तो दुनिया भी
तेरे आने की दुआ करती है।। हर महफ़िल.. ।।
मेरा अफ़साना बन गया
.... अब तो।
जाने तू क्यूँ अब भी
खफ़ा रहती है।।
हर महफ़िल में
तेरी तलाश रहती है।
तू आएगी महफ़िल में
बस यही आस रहती है।।

रत्नाकर सागर

*****

5. तेरा मेरा प्यार

नाम चाहत का है
तेरी चाहत के बाद।
अब न होगी ये चाहत
तेरी चाहत के बाद।। नाम चाहत का.. ।।
भोर हो जाती है
शाम हो जाती है।
रात भी अपनी चादर में
सो जाती है।।
भोर और शाम मेरी
न अब तक हुई।
रातें होंगी अब रोशन
तेरे आने के बाद।। नाम चाहत का.. ।।
दिल मेरा जैसे हो
सागर कोई।
लहर उठती है जिसमें
तेरे नाम की।।
कर सकता है क्या कोई
सागर से लहरें अलग।
होंगे अब हम जुदा साँझ
मर जानें के बाद।। नाम चाहत का.. ।।
समझ कर कोई प्यार करता नहीं,
उनके लिए ये बना ही नहीं।
जिसने की है मोहब्बत वो दीवाना
हुआ है।

दीवानों के लिए तो मोहब्बत, ख़ुदा है।।
दिल में कितनी मोहब्बत है मेरे लिए।
तुम ये समझोगी साँझ
पास आने के बाद।।
नाम चाहत का है
तेरी चाहत के बाद।
अब न होगी ये चाहत
तेरी चाहत के बाद।।

*****

6. ऐतबार

बेक़रार हो रहा हूँ
मैं तुम्हारे प्यार में।
तुमसे मोहब्बत इतनी
ज्यादा हुई है।
ज़माने से दूर हो रहा हूँ
मैं तुम्हारे प्यार में।। बेक़रार हो.. ।।
वो इंतेज़ार करना
सुबह शाम मेरा।
वो शर्माना, घबराना
सुन कर नाम मेरा ।।
कभी गुस्से से तो
कभी प्यार से पेश आना।
तुम्हारा यूँ मुझ पर
अपनों सा हक़ जताना।।
ऐसा लगता है अपनी,
सारी खुशियाँ लुटा दूँ
मैं तुम्हारे प्यार में।। बेक़रार हो..।।
मेरी कविता तुम्हीं से
मेरी ग़ज़लें तुम्हीं से।
मेरी दुनिया तुम्हीं से
मेरी खुशियाँ तुम्हीं से।।
तुम ही मेरे जीवन की
आस हो।
तुम ही मेरे होठों की

प्यास हो।।
तुम ही मेरी मोहब्बत का
अहसास हो।
साँझ चाहता नहीं अब
तुम्हें कभी खोना
खोना चाहता हूँ खुद को
अब तुम्हारे प्यार में।। बेक़रार हो.. ।।
तुम्हारे अकेलेपन का है
अहसास मुझको।
तुम कितनी हो तन्हा है
आभास मुझको।।
खुद से ज़्यादा मैंने
तुमको है जाना।
तुम्हारी वीरां ज़िन्दगी को
चाहता हूँ महकाना।।
तुम्हारी इनायत इतनी
ज़्यादा मिली है।
जो कमी थी ज़िन्दगी में
वो कमी अब नहीं है।।
साथ देना। साँझ ....।
साथ चाहता हूँ तुम्हारा
मैं तुम्हारे प्यार में।।
बेक़रार हो रहा हूँ
मैं तुम्हारे प्यार में।
तुमसे मोहब्बत इतनी
ज़्यादा हुई है।
ज़माने से दूर हो रहा हूँ
मैं तुम्हारे प्यार में।।

*****

7. प्यार की गुज़ारिश
(वेलेंटाइन)

गुज़ारिश प्यार की, की है
तुम नाराज़ न होना।
बात एक राज़ की, की है
तुम नाराज़ न होना।। गुज़ारिश प्यार की.. ।।
प्यार में तेरे दिल
मेरा पागल हुआ।
जानकर मैंने क़ातिल को
दिल दे दिया।।
प्यार से भी प्यार ज्यादा
जो तुमने किया।
मेरी बेरंग ज़िन्दगी में
रंग भर दिया।।
कर दिया, तेरे हवाले
अपना सारा जीवन।
बात इकरार की, की है
तुम नाराज़ न होना।।
बात एक राज़ की, की है
तुम नाराज़ न होना।।
करके दीवाना मुझको
तुम्हें क्या मिला।
कुछ भी कहने से पहले ही
दिल ले लिया।।

तोड़ कर दिल मेरा
दूर जाना नहीं।
मर न जाऊँ कहीं
इतना सताना नहीं।।
जब बुलाऊँगा मैं
पास आना सनम।
बात इंतेज़ार की, की है
तुम नाराज़ न होना।।
बात एक राज़ की, की है
तुम नाराज़ न होना।।
प्यार करते हैं सब
पर निभाते नहीं।
इससे बढ़ कर कोई
रिश्ते नाते नहीं।।
प्यार के दिन तुम
मुझसे ये वादा करो।
न नज़र आए, और कुछ
प्यार इतना ज़्यादा करो।।
साथ छोड़ा है सब ने
मेरा हर कदम।
बात एतबार की, की है
तुम नाराज़ न होना।।
गुज़ारिश प्यार की, की है
तुम नाराज़ न होना।
बात एक राज़ की, की है
तुम नाराज़ न होना।।

*****

8. रात

ज़िन्दगी तुझ पर कुरबान
की ही मैंने।
आज की रात तेरे नाम
की है मैंने।।
दो-चार पल ही मिला साथ तेरा
तो क्या कम है।
इन पलों में साँझ, ज़िन्दगी तमाम
जी है मैंने।।
आज की रात तेरे नाम
की है मैंने।।
ऐसा लगता है, रात
थम सी गई है।
साँसे तेरी मेरी, आज
जम सी गई है।।
हम दोनों हैं, यहाँ
और कोई नहीं है।
रात भी हमारी तरह, साँझ
सोई नहीं है।।
रात अपने मिलन की
आई है जानम।
तुझसे मोहब्बत की सौगात
ली है मैंने।।
आज की रात तेरे नाम
की है मैंने।।

तुझ को देखा बहुत है
सताया नहीं है।
दिल में कितनी है चाहत
बताया नहीं है।।
आज बाहों में, आ जाओ
साँझ मेरी।
कर लो पूरी तमन्ना, करो
अब न देरी।।
मौत आ जाए अब, तो
कोई ग़म नहीं है।
कम से कम एक रात, अपने नाम
की है मैंने।।
आज की रात तेरे नाम
की है मैंने।।
न मायूसी है, और
न उदासी तुम्हारी।
आज है प्यार से, प्यार
करने की बारी।।
जो पल है, अपना
वो बस यही है।
ज़िन्दगी में जो तुम हो
कोई गम नहीं है।।
जज़्बात कब तक
छुपाओगे अपने।
मुझसे तो कुछ भी
छुपा ही नहीं है।।
तुम ही हो बस....
और तुम ही रहोगी।
ये सारी ज़िन्दगी तेरे नाम

की है मैंने।।
ज़िन्दगी तुझ पर कुरबान
की ही मैंने।
आज की रात तेरे नाम
की ही मैंने।।

*****

9. दिल का क़ातिल

एक तेरे प्यार ने
हमें ज़िंदा रखा।
वरना हम कब के
मर गए होते।।
तुम न आती जो
मेरी दुनिया में।
तो एक गुनाह, और
कर गए होते।।
वरना हम कब के
मर गए होते।।
बहुत ही प्यार तुम्हारे लिए
मेरे दिल में।
अब न भाता है कोई
दुनिया की महफ़िल में।।
मिला है जब से
तेरा प्यार मुझे।
हो गया नाम भी मेरा
'दिल के क़ातिल' में।।
तुम न आती जो
मेरी दुनिया में।
तो एक गुनाह, और
कर गए होते।।
जो न होता, तुम्हारे
खो जाने का डर।

जो राह होती तेरी
आसान सफ़र।।
जो देखा न होता, इस
ज़माने के कहर।
तो साँझ यूँ न, हम
डर गए होते।।
तुम न आती जो
मेरी दुनिया में।
तो एक गुनाह, और
कर गए होते।।
है तेरा नाम
मेरे अपनो में।
देखता हूँ तुझे, रात दिन
मैं सपनो में।।
न किसी की हमदर्दी की
तुझे जरूरत है।
मेरे प्यार इश्क़ मोहब्बत पर
तेरा हक़ है।।
तूने आने में देर क्यूँ
कर दी।
वरना सपने ये मेरे, कबके
सँवर गए होते।।
तुम न आती जो
मेरी दुनिया में।
तो एक गुनाह, और
कर गए होते।।
तुम तो कहती हो
ये दिल, मेरा घर है।
पर, मेरे लिए तो

'प्यार की देवी' का मंदिर है।।
अगर होती न तुम्हारे
प्यार की जरूरत मुझको।
तो बताओ साँझ, क्यूँ हम
दिल के मंदिर गए होते।।
एक तेरे प्यार ने
हमें ज़िंदा रखा।
वरना हम कब के
मर गए होते।।
तुम न आती जो
मेरी दुनिया में।
तो एक गुनाह, और
कर गए होते।।

*****

10. चाहत का सिलसिला

चाहत में अक्सर
यही हाल होता है।
हाल मेरी तरह ही तो
बेहाल होता है।। चाहत में अक्सर... ।।
चाहत का होता है
जब शुरू सिलसिला।
शुरू होता है, पहले
काम आंखों का।।
आँखें कहती हैं वो
जो हम कह न सकेंगे।
की अब हम, तुम्हारे
बग़ैर रह न सकेंगे।। चाहत में अक्सर... ।।
बाद नज़रों के, शुरू होता है
सिलसिला इक़रार का।
और शुरू होता है
सिलसिला इज़हार का।।
कसमें वादों का है, प्यार में
अपना ही मज़ा।
प्यार पाता है कोई, और
कोई प्यार खोता है।। चाहत में अक्सर... ।।
मिल चुकी अब बहुत
तेरी मेरी नज़र।
अब तो होता नहीं
साँझ मुझसे सबर।।

तुम बात दो, रास्ता
अपने प्यार का।
अब समय आ गया
हमारे इक़रार का।।
बस अपनी, इनायत
मुझ पर कर देना।
हर आशिक़ का यही
तो, सवाल होता है।।
चाहत में अक्सर
यही हाल होता है।
हाल मेरी तरह ही तो
बेहाल होता है।।

*****

11. वादा

तो क्या हुआ? कि हम
मिल नहीं पा रहे हैं।
एक तेरी चाहत के सहारे ही तो
जिये जा रहे हैं।। एक तेरी चाहत... ।।
है मेरी किश्ती का
तू ही सहारा।
है मेरा साहिल
है तू ही किनारा।।
तू ही तो मेरी
नज़रों में बसी है।
तुझ से ही रोशन
ये मेरी ज़िंदगी है।।
दर्द तन्हाई का हम
क्यूँ? सहे जा रहे हैं।
एक तेरी चाहत के सहारे ही तो
जिए जा रहे हैं।।
मेरी चाहतों का
तू ही ख़ुदा है।
तुझ को ही चाहा
मैंने सदा है।।
कहूँ अब मैं क्या?
तुझसे और ज्यादा।
प्यार ही प्यार करने
का है इरादा।।

प्यास ही प्यास मेरे
दिल में लगी है।
घूँट ग़म का मगर
क्यूँ? पिए जा रहे हैं।।
एक तेरी चाहत के सहारे ही तो
जिए जा रहे हैं।।
मैं तुम्हें प्यार दूँगा
ज़िन्दगी वार दूँगा।
कहे तू जो मुझसे
हँस के जाँ वार दूँगा।।
कहूँ अब मैं क्या? साँझ
तुमसे और ज्यादा।
निभाऊंगा मैं साथ, है
तुमसे मेरा वादा।
तभी तो प्यार तुमसे
किए जा रहे हैं।।
तो क्या हुआ? कि हम
मिल नहीं पा रहे हैं।
एक तेरी चाहत के सहारे ही तो
जिये जा रहे हैं।।

*****

12. दुआ

आज एक दुआ
माँगता हूँ मैं।
एक अनजान से रिश्ते को
चाहता हूँ मैं।।
जिसने आज तक
मुझे नहीं समझा।
मुझे समझे वो, बस इतना ही
ख़ुदा मांगता हूँ मैं।
आज एक दुआ
माँगता हूँ मैं।।
उसके दिल की
चाहत।
उसके लबों की
उसके चेहरे की
चाँदनी।
उसकी तारों सितारों से
सजी जिंदगी।।
तुझसे, ऐ ख़ुदा
माँगता हूँ मैं।
आज एक दुआ
माँगता हूँ मैं।।
जब से आई है वो
मेरी ज़िंदगी में।
मैंने अपना सब कुछ

उस पर है वारा।।
अपनी हसरत वफ़ा
अपने सभी अरमाँ।
और ज़माने भर, का...
प्यार सारा।।
उसकी प्यार वफ़ा ख़ुशियों से
भरी दुनिया।
तुझसे, ऐ ख़ुदा
माँगता हूँ मैं।।
आज एक दुआ
माँगता हूँ मैं।
एक अनजान से रिश्ते को
चाहता हूँ मैं।।
जिसने आज तक
मुझे नहीं समझा।
मुझे समझे वो, बस इतना ही
ख़ुदा मांगता हूँ मैं।।

*****